ごはんからおかず・汁もの・おやつ・調味料まで

食べて健康！ よもぎパワー

大城 築 著

農文協

はじめに

春になると、野山や河原、路地など、身近な場所に姿を見せてくれる「よもぎ」。草もちの材料としてもおなじみですが、日本人は薬草として古くからよもぎを愛好してきました。咳止めや虫下し、血止めなど、よもぎにはさまざまな薬効が秘められており、お隣り中国では、よもぎは「艾葉《がいよう》」と呼ばれ漢方薬としても利用され、古くから不老長寿の薬として親しまれています。最近では、よもぎのさまざまな健康効果について、科学的にも解明されてきています。

よもぎはまた、ビタミンやミネラルが豊富に含まれ、生活習慣病やがんなどの予防に役立つ栄養成分が多数含まれています。緑黄色野菜に勝るとも劣らぬ栄養価の高い葉もの野菜の一つなのです。実際、日本一の長寿地域・沖縄では、よもぎは「ふーちばー」と呼ばれ、野菜として古くから食されてきました。沖縄の長寿の秘訣は、「よもぎ食」にあるのかもしれません。

この本では、ごはんからおかず、汁もの、おやつ、調味料まで、家庭でも簡単にできるよもぎ料理を紹介します。また、あく抜きや保存法などのよもぎの基本的な扱い方、春以外にもよもぎを楽しむための家庭でできる栽培法も解説しています。生命力に溢れ、数々の薬効を秘めたよもぎの素晴らしさを知っていただき、本書がみなさまの健康づくりの一助となることを願っております。

なお、よもぎは、「食」以外にも、入浴する・寝る・着る・塗る・香りを楽しむ・温める・すえるなど「衣」「住」にも活用でき、病気・症状の治療にまで卓効があります。それらの詳細については、拙著『図解　よもぎ健康法』（農文協刊）をご覧ください。

２００７年４月

大城　築

目次

◆写真：小倉隆人
◆調理・撮影協力：神出悦子　伊藤響子
：東吉野温泉・みのや
：深吉野よもぎ加工組合
：お菓子の庵　ケンズイ

PART 1

おいしい、簡単！ よもぎを食べて健康に

健康、美容にもいい！ よもぎを毎日の食卓へ

究極の和製ハーブ「よもぎ」の魅力

よもぎは優れた薬効を持ち、古くから薬草や漢方薬として暮らしの中でさまざまに利用されてきました。例えば、よもぎの葉を乾燥させておき、風邪をひいたり頭痛がしたら葉を煎じてよもぎ茶として飲み、神経痛や冷え症になったら葉を浴槽に入れてよもぎ風呂にしたり、それら以外にも駆虫、利尿、強壮、解熱などに利用したようです。また、よもぎの生の葉をすった青汁も、切り傷に塗って止血したり、打撲や肝炎などに用いました。私たち日本人は、よもぎを身近な薬草として大いに利用してきたのです。

　また、よもぎはもちやだんごに混ぜる「もちくさ」として古くから食べられ、各地にいろいろな作り方・食べ方の草もちや草だんごがあります。草もちや草だんごは正月をはじめ、桃の節供や端午の節供、夏の地蔵盆などの行事の際に供されたり、農繁期中の間食として食べられたりしたようです。これはよもぎの彩りがいいからという理由だけではなく、よもぎの薬効に対する信仰の名残でしょう。それだけよもぎは食べ物としても大切にされてきたのです。

　生活習慣とりわけ食生活に起因する病気が依然として増えている今日、日本人が古くから生活に役立ててきた薬草「よもぎ」は、それらの解決にまさにぴったりなのです。活性酸素から身を守り、血行を促し体調を整え、細胞や血

管の老化を防止するなど、近年現代医学からもその効能（薬効・食効）が着目され、科学的にも認められ、高く評価されています。

まさに西洋のハーブならぬ、「究極の和製ハーブ」として、葉から茎・根・花（花穂）にいたるまで食べて活用することができる「よもぎ」への関心は高まっているのです。

香りや「あく」にも健康の秘密が！

○香りに含まれる精油成分でリラックス！

青々としたみずみずしい香りを放つよもぎは、まさに春の訪れを告げるにふさわしい植物です。

古くは、よもぎはその芳香によって邪気をはらうもの（魔除け）として珍重されました。北海道・農屋地方をはじめ、男子誕生のとき、成人して雄飛することを願い、よもぎで作った矢で天地四方を射る祝いの行事を行なう地域があります。また、土地によっては、端午の節供によもぎを屋根に葺いたりするところも数多くあります。

科学的にみると、よもぎの香りには、リラックスを促す独特の成分が含まれています。香りの主成分は、シネオール、アルファーツヨン、セスキテルペンなどの精油成分で、これらの成分には、血液循環や新陳代謝を高めるはたらきがあります。とくにシネオールには、交感神経を抑えて副交感神経を強め、脳の神経を沈静化し、睡眠を促す効果があることが知られています。また、アルファーツヨン、セスキテルペンは、目の充血を改善する有効成分であるともいわれています。

○「苦味」と「あく」が身体を目覚めさせる

よもぎはあくがあるために調理が面倒といわれますが、このよもぎ特有のあくは、生理作用に対して刺激となって、いくつかの効用があるといわれ、珍重すべきものです。よもぎに含まれる苦味成分（タンニン、精油など）は、虚弱な臓器を刺激し、そのはたらきをさかんにします。

アデニンをはじめとする苦味の成分群には、老化防止作用、心臓の機能を正常にする作用、血液循環をよくする作用、消炎、止血、保温作用があります。また、クロロフィルのはたらきなどと相乗的に作用して、患部の痛みを抑えたり、潰瘍の進行を防いだりします。

よもぎは栄養すぐれた健康野菜　～ビタミン、ミネラルたっぷり！

よもぎは、食品としてみても、ビタミンやミネラルが豊富に含まれたヘルシーな野菜で、クロロフィル、アデニン、ビタミンA、ビタミンB_1、ビタミンB_2、ビタミンC、ビタミンD、カロチン、コリン、アミラーゼ、カリウム、カルシウム、リン、鉄、ナトリウム、灰分、たんぱく質、水分、糖質、脂質、ナイファミン、繊維など、実にさまざまな栄養成分が含まれています。

よもぎと野菜の栄養成分の比較（可食部 100g 当たり）

食品名	食物繊維総量（g）	ナトリウム（mg）	カリウム（mg）	カルシウム（mg）	リン（mg）	鉄（mg）	ビタミンA	
							β－カロテン（μg）	レチノール当量（μg）
よもぎ（葉、生）	7.8	10	890	180	100	4.3	5300	440
よもぎ（粉末）	12	65.2	2190	1230	312	53.6	16200	2700
ほうれんそう（葉、生）	2.8	16	690	49	47	2	4200	350
にんじん（根、皮つき、生）	2.7	24	280	28	25	0.2	7700	760
西洋かぼちゃ（果実、生）	3.5	1	450	15	43	0.5	3900	330
普通牛乳	0	41	150	110	93	Tr＊	6	38

『五訂増補日本食品標準成分表』より。ただし、「よもぎ（粉末）」の値のみ、日本食品分析センター第45011032-001号による。
なお、「よもぎ（粉末）」のレチノール当量の数値は、ビタミンA効力 1IU＝レチノール当量0.3 μgとした場合の計算値。
＊ Tr＝微量含まれているが成分の記載限度に達していないもの（Traceの略）

上の表からもわかるように、よもぎは、ほうれんそう、にんじん、かぼちゃなどの緑黄色野菜に勝るとも劣らない、体によい栄養素を豊富に含んだ〝スーパー緑黄色野菜〟であると言っても過言ではありません。中でも、カルシウムが豊富で、鉄分も多く、現代人に不足しがちな微量栄養素が豊富で、総合的にバランスの優れた食品です。また、食物繊維も豊富で、便秘や肥満などの改善にもパワーを与えてくれます。

現代の食生活において、さまざまな加工食品が氾濫しており、それらの多くは加工の段階で大切な栄養素がかなり破壊されてしまっています。しかし、忙しい毎日の中でどうしても加工食品に頼らざるをえないこともあるでしょう。そんなときこそ、よもぎを食べ、栄養のバランスを保って健康に心がけましょう。

よもぎはこんなときにおすすめ

○体質改善、病気予防、健康回復・増進に！

深く濃い緑色のよもぎの葉には、良質なクロロフィルが豊富に含まれています。よもぎのクロロフィルは、ほかの野草や薬草に比べて良質で効力が強く、体内で迅速にはたらきます。とりわけ注目したいのは、血液をきれいにする作用（浄血作用）であり、体の大掃除をしてくれます。その他、がん予防効果、増血作用、殺菌作用、制菌作用、末梢血管の拡張作用、新陳代謝促進作用、抗アレルギー作用、肉芽形成作用（傷の治りが早くなる）などの重要なはたらきをしています。

とくに冷え症の人が多い女性には、体を温める作用（保温効果）が強いよもぎは、ぜひおすすめです。よもぎを食べたり、よもぎ茶を飲んだり、よもぎの葉を浴槽に入れたよもぎ風呂に入ることで、下腹部や骨盤内、子宮が温まり、体全体も温まります。このよもぎの血行促進作用によって、肩こりの解消、血圧の安定、脳卒中予防にもなります。胃腸の弱い人、下痢・便秘がちな人、食欲不振、風邪やぜん息、多汗症など、さまざまな症状にも効果的です。

よもぎを食べたり飲んだりして毎日の食事に取り入れることで、悪血が取れ、きれいな血が流れ血行がよくなり、体質改善、病気予防、健康回復・増進につながります。

最近では、よもぎの免疫反応に強い活性酸素消去能作用も関係して、よもぎがアトピー性皮膚炎のかゆみ止めとして効果があることが、近畿大医学部によって報告されています。

○美容にもおすすめ～若返りを促す物質が豊富

よもぎには、しっとりとうるおいのある若々しい肌を保つ物質が豊富に含まれています。

とくにコリンは老化防止、心臓機能の正常化、動悸・息切れ・肝臓障害を防ぐ有効な成分で、腸内でビタミンA、B_1、B_2、B_6、ニコチン酸、葉酸、ビタミンKなどが合成されるうえで欠かせない物質でもあります。

ビタミンB_1は粘膜や皮膚を強くし、B_6は皮膚、粘膜の修復・再生を促進し、皮膚の抗アレルギー作用を強化しますので、アトピー性皮膚炎やそのほかのかゆみをともなう皮膚病にもおすすめです。

春から秋まで楽しめる！
使い方も多彩

春は料理に、夏や秋は調味料やよもぎ茶に

よもぎは春を過ぎると、背丈も伸び大きくなり、葉はかたく、あくも強くなります。やはり料理して食べるよもぎは、春（3～5月）のものがやわらかく、香りもよく、おいしくいただけるベストシーズンです。

しかし、大きくなった夏や秋のよもぎも、かなりしっかりあく抜きをすれば、食べられないことはありません。むしろ使い方によっては、夏や秋のものが適しています。成長するほど薬効成分も増すので、よもぎ茶にしたり、酒や油などの調味料に漬け込み、薬効を抽出するにはピッタリです。

よもぎは、お盆前後のころになるととうが立ち花が咲きます（これを花穂という）。花穂も薬効成分が豊富なので、お茶や調味料に漬け込んだりして利用するとよいでしょう。

もちやだんごだけじゃない
～ごはん、おかず、おやつ、飲み物、調味料にも

よもぎは、もちやだんごに加える「もちくさ」やよもぎ茶だけでなく、味や香りをごはん、おかず、おやつ、飲み物、調味料など、さまざまな料理に活かすことができます。

よもぎ自体の味や香りを活かすなら、クセの少ない素材とあわせて調理するのがよいでしょう。

本書で紹介した料理は一例ですので、みなさんの工夫しだいでいろいろ活用してみてください。

沖縄では身近な野菜
～沖縄に学ぶ「よもぎ」の活用術

沖縄は、日本のほかの地域とは気候風土がずいぶんと異なるため、食生活でもいろいろユニークな点がみられます。それはよもぎの食べ方にも当てはまり、唯一よもぎを野菜

採集部位・時期による利用の目安

<table>
<tr><th>部位</th><th>3月</th><th>4月</th><th>5月</th><th>6月</th><th>7月</th><th>8月</th><th>9月</th><th>10月</th><th>11月</th></tr>
<tr><td>新芽（一芯三葉）</td><td colspan="8">料理全般</td><td></td></tr>
<tr><td>葉</td><td colspan="4">料理全般</td><td colspan="4">よもぎ茶・漬け込み用
（おもに酒や調味料用）</td><td></td></tr>
<tr><td>花穂</td><td></td><td></td><td></td><td></td><td colspan="4">よもぎ茶・漬け込み用
（おもに酒や調味料用）</td><td></td></tr>
<tr><td>根</td><td colspan="3">食用・栽培苗用</td><td></td><td></td><td></td><td colspan="3">苗用</td></tr>
</table>

として食べる風習がある地域で、その風習が今でも残っています。

　よもぎは「ふーちばー」と呼ばれ、多くの人々の間で親しまれ、家庭菜園でも栽培されているほどです。ただし、本土のよもぎとは若干種類が異なるようです。

　春にいちばんに若葉を出すふーちばーを使ったぞうすいは、「ふーちばーじゅーしー」と呼ばれ、野菜飯という沖縄風の炊き込みごはんと並んで有名です（24ページ参照）。よもぎの葉をたっぷり使ったぞうすいは、よもぎの香りが食欲をそそります。よもぎは沖縄のいたるところに自生しており、高血圧、胃腸病、神経痛、腰痛、子宮や痔、鼻血などの出血、冷え症などに効く草として重宝されています。

　沖縄の市場に行くと、ご婦人が自宅の庭などで育てたよもぎを一束（４００g前後）にまとめて、市場に持ち込み売っています。そこで、主婦、食堂の人、農協やスーパーの人が買い求めている姿をよく見かけました。束にまとめて売られているよもぎは、まるでほうれんそうなどの葉物野菜のようでした。そこには、野草には薬効のあるものが多く、食べられる野草はすべて血となり肉となり、薬にもなるという沖縄の人々の食べ物に対する考え方が感じられました。

　また沖縄には、よもぎのおかゆ「ヤタフツィヌユー」（ヤタフツィ＝波照間島の方言でよもぎのこと）もあり、暑さの厳しい夏には冷たくしたおかゆが好評のようです。

PART 2

よもぎ料理の基本を学ぼう

よもぎ料理の基本①
～下処理（あく抜き）のしかた

あく抜きをするのが原則
～部位・使い方によっては不要

よもぎにはあくがあり、えぐみが強く、特有の青臭さを持っています。生のままではおいしくありませんし、あまりにあくが強すぎると、生理作用に刺激をあたえることになります。よもぎをおいしく食べるには、あく抜きが欠かせません。

ただ、よもぎはあくがあるからこそ、野趣を感じさせてくれます。あく抜きをすれば、苦みや香りがやわらぎ食べやすくなりますが、全部取ってしまうと野趣がなくなるだけでなく、せっかくの栄養効果も減ってしまいます。風味を損なわない程度にすることが大切です。

よもぎは、サラダや薬味などで生として使う場合をのぞいて、あく抜きを行ないます。ゆでることによってあく抜きをすると同時に、葉の色が鮮やかになり、ちょうどよいやわらかさになるからです。

料理によってはあく抜きしなくてもＯＫ！

よもぎを料理に用いる場合は、基本的には必ずあく抜きをしてから使いますが、よもぎを摘み取る時期、摘み取った部位によってあくが少なく、そのまま使うこともできます。また、食べ方によっては、そのまま調理する場合もあります。

〔摘み取る時期と部位〕

・春先：新芽や若葉（5葉程度まで）
・夏以降：新芽（一芯三葉の部分）

〔食べ方〕

天ぷら、サラダ、刻んで薬味にするなど、パリッと仕上げたい場合や、青汁やジュース、酒などの飲み物に漬け込む場合。

茎・根も食べられる！

◇茎と根にも健康増進効果の成分が豊富

　茎と根にも健康増進に効果がある成分が含まれています。ただ、茎や根はとくにあくが強く、かたいので、料理に使うときはしっかりあく抜きをするとともに、食べやすくするために一度蒸してやわらかくしておくことが大切です。

　食べるときは、料理に合わせて適当な大きさに刻み、調理します。

◇茎と根のあく抜きのしかた

①採ってきた茎や根を水でていねいに洗い、汚れを落とす。とくに根はたわしなどを使ってしっかり洗い、土を落とす。細い根は切っておく。

②①を蒸し器に入れて、3分ほど蒸す。

③鍋にたっぷりの水を沸騰させ、②を入れて、葉と同じ要領であく抜きをする。

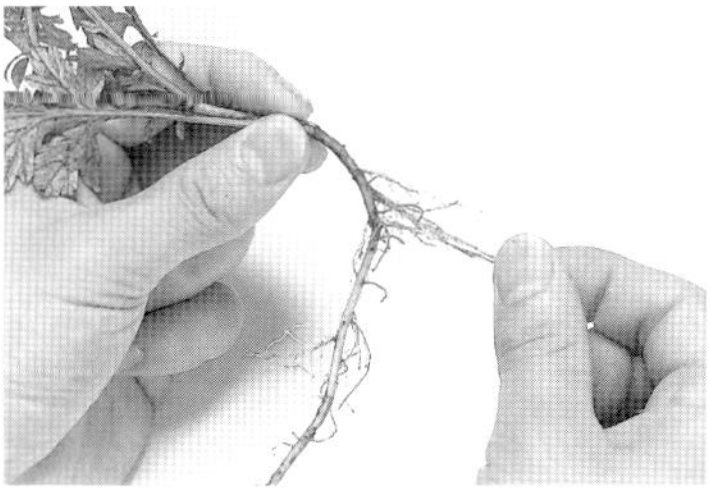

よもぎの根のきんぴら

■材料（4人分）

A ｛あく抜きしたよもぎの根（せん切り）……200g
にんじん（せん切り）……80g
しょうが（せん切り）……1個

ごま油……大さじ2

B ｛しょうゆ……大さじ3
黒砂糖……大さじ3
みりん……適宜

かつお節……適宜

■作り方

①ごま油をひいた鍋を熱し、Aの材料を入れて、強火で水分がなくなるまで炒める。

②①にBの調味料を加えて味をととのえる。

③弱火にし、しんなりして味がしみ込んだら火を止め、器に盛る。好みでかつお節をかける。

葉のあく抜きのしかた

色、香り、歯切れのよさを残しておくことが、あく抜きのポイントです。

①

①摘んできたよもぎを水でよく洗い、汚れを落とす。

②

②鍋に材料の５倍くらいのたっぷりの湯を沸騰させ、塩をひとつまみ入れ、そこへよもぎを入れる。

③

③火加減は強火のまま、沸騰してくるまで待つ。しだいにあくが出てきて、お湯は黄色くなる。

④

④沸騰してしばらくすると、鍋のふちに白いアワがつくようになる。葉の裏が白から緑色になればＯＫ。

⑤

⑤よもぎを取り出し、冷水にさらす（下の写真は、あくが出て茶色になった鍋の水の色）。

⑥

⑥さっと洗って、水気をよく絞る。

⑦

⑦あく抜きしたよもぎ。

あく抜きの注意点

・お湯の量はたっぷりと

お湯の量が少ないと、よもぎの葉を入れたときに湯温が下がり、ゆであがりの葉の色や歯ごたえが悪くなってしまいます。

・塩をひとつまみ入れる

塩をひとつまみ入れるのは、葉のクロロフィル（葉緑素）の分子の一部が、塩のナトリウムイオンと結合することによって安定した形になり、褐色（色が悪くなること）や風味の低下を防いでくれるからです。塩の代わりに重曹を入れると、より色鮮やかに仕上がります。

・冷水にさらす

ゆでて冷やさずザルに上げたままにしておくと、余熱で色や葉ごたえが悪くなります。ゆであがったらすばやく冷水に放ち、熱を冷ますようにします。

・あとで加熱調理・保存する場合は七分程度に

あとで再び加熱して調理するような場合は、あく抜きでは、ゆで加減を七分程度にとどめておきます。調理したときに、風味や歯ごたえが落ちてしまうのを防ぐためです。目安は葉の裏から白さが抜け、緑色になればＯＫです。おひたしなど、ゆであがったよもぎをそのまま食べる場合は、あく抜きのときに完全にゆでてしまいます。

なお、調理の際は、よく水気を切って料理に用います。

よもぎ料理の基本②

〜上手な保存のしかた

冷凍保存・粉末で一年中楽しむ

自然に生えているよもぎを摘んで利用できる期間は、およそ春先の2カ月程度です。その時期にたくさんよもぎを摘んでおいても、生葉のままでは2週間程度しか持ちません。

ですから、一年中使うために、そのころに摘んだよもぎを上手に保存しておくことです。

冷凍して、もしくは乾燥させて粉末にして保存すれば、一年中楽しむことができます。

あく抜きしたものを冷凍保存
〜すぐに使えて便利

あく抜きしたよもぎの水気をしっかり絞り、ビニール袋やラップに包んで、真空状態にして冷凍保存します。

冷凍するときには、なるべく平らにして（厚みがあまりないように）保存すると、すばやく解凍できて便利です。

また、用途にあわせて刻んだり、料理1回分（20g程度）の分量を計ってから保存すれば、解凍しすぎのムダもなく、手間が省けます。

冷凍保存のしかた

①あく抜きしたよもぎは、水気をしっかり絞る。

②①をさらにふきんやキッチンペーパーなどに挟んで水気を取る。

③ラップや袋に入れる。

よもぎ粉末なら用途も広がる

粉末にすれば、保存が可能なだけでなく、用途も広がります。料理からお菓子までどんなものにもよくなじみますから、アイデアしだいでいろいろ使うことができます。よもぎの香りや色だけを引き立てたいときに役立ちます。

作り方は目的にあわせて選ぶ

よもぎ粉末を作るには、いくつかの方法があります。本書では、次の2通りの方法を紹介します。

①そのまま乾燥させて粉末にしたもの

②蒸してから乾燥させて粉末にしたもの

これらのほかに、あく抜きしたものを乾燥させて粉末にしてもよいでしょう。ただ、蒸してから粉末したものに比べると、香りは少しやわらかくなります。

なお、下処理のしかたによって粉末のできあがりに違いがでます。その特徴はおよそ下の表のようになります。

保管方法と使い方

湿気にさらされないよう、密閉できる容器（空きビン、茶筒など）に入れておきます。

＜さまざまな処理のしかたによる特徴の違い＞

	色	香り	味	利用のポイント
①そのまま乾燥	茶	強い	少しえぐみあり	長時間熱を加える、香りと味を強調したい料理
②蒸して乾燥	緑	強い	良	料理全般
③あく抜き乾燥粉末	緑	普通	良	料理全般

よもぎ粉末の作り方

①採集したよもぎの葉をよく洗う。

②乾燥させる。

＜そのまま乾燥させる場合＞

②を直射日光のあたらない風通しのよいベランダや軒下などで、2～3週間陰干しする。

※湿気が残っていると、カビの発生の原因になるので、十分に乾燥させる。

＜蒸したものを乾燥させる場合＞

②－1　蒸し器を火にかけ、蒸気が出てきたらよもぎを入れる。

②－2　葉の裏が緑色になるまで、数分蒸す。

②－3　よもぎは取り出してザルなどに広げ、風通しのよいところで陰干しする（1週間～10日ぐらい）。

※あく抜きしたよもぎを使う場合は、②－3の工程から行なう。

③粉末にする。

③－1　完全に乾燥したよもぎを手で揉み、適度にこまかくしておく。

③－2　フードプロセッサーやミキサー（なければすり鉢でもよい）で粉末にする。

よもぎ料理の基本③
～よもぎの入手・採集

そのまま乾燥させたよもぎの粉末

蒸したよもぎの粉末

※乾燥の目安
葉の水分量がおよそ15～20％になっていることが、乾燥終了の目安となります。乾燥前に葉１kgなら、１５０～２００g程度になるまで乾燥させます。手に握ったときに、葉がバリッと割れるくらいです。

よもぎの種類

日本には多くの種類のよもぎが分布しています。種類により顔かたちがそれぞれ違い、薬効の多少など、特徴によって使われ方もさまざまです。

中でも食用としてもっとも適しているのは、一般的にもよく知られている「カズザキヨモギ」です。なお、カズザキヨモギ以外の種類でも、あく抜きをすれば、もちろん食用にできます。

カズザキヨモギ

摘み取り場所

道路などの汚染源からなるべく離れた場所のよもぎを選びます。農薬、除草剤などが散布されているところ、足元の危険な場所は避けましょう。また、他人の所有地でないかどうかも確かめて、マナーに心がけて摘み取ります。

葉を摘み取るベストタイミング

料理には3〜5月が最適です。それ以後であれば、やわらかい葉の先端＝新芽の部分（一芯三葉）を摘み取ります。手で摘むと新しい芽の出方が遅くなるので、ナイフやはさみなどを使います。

摘み取りは、湿度の少ない日の午前中、朝

つゆが消えたばかりのときに行ないます。枯れたり、傷んだりした部分を取りのぞき、必要最小限の量にとどめておきます。

摘み取った葉の保存法

摘み取り後はなるべく早く持ち帰り、用途に合わせて保存します。

生葉で保存する場合は、ビニール袋などに入れて口をしっかり密閉し、冷蔵庫に入れておきます。汚れがひどい場合は、一度水でさっと洗って水気をよく切っておきます。

長期保存する場合、冷凍よもぎ（14ページ参照）や乾燥よもぎ（15ページ参照）、よもぎ粉末（14ページ参照）などにして保存しておきます。

よもぎ料理の基本④

～よもぎをおいしく食べるコツ

春先のよもぎが料理には最適

春先のよもぎは、やわらかくあくも苦味も少なく、料理に使うには最適です。この時期のものを冷凍や粉末で保存しておくのがおすすめです。

葉物野菜の感覚で

よもぎは、春菊やキャベツ、ほうれんそうなどの葉物野菜の感覚で使えば、さまざまな食べ方ができます。ＰＡＲＴ３で紹介するレシピ以外にも、創意工夫でバリエーションを広げてどんどん食べましょう。

薬効を損なわないためのコツ

よもぎのバランスのとれた薬効・食効、クロロフィルやビタミンなどの有効成分を損なわないために、調理の際は次のことを心がけてください。

○**加熱しすぎない**：よもぎそのもののよさを楽しむために、手軽に簡単に調理するのが長続きするコツです。

○**味付け・調理法はシンプルに**：調味料は添加物などの入っていないものを使うのが一番です。塩は天然塩、砂糖は黒糖か三温糖、しょうゆやみそなどともよく合います。

よもぎ茶で一年中よもぎ三昧

夏や冬など生葉が手に入りにくい時期は、よもぎ茶を使うことをおすすめします。よもぎ茶は料理にも使えます。

よもぎ茶をお好みの濃さに作って水の代わりに、ごはん、煮物や汁ものなどに用いて、よもぎの風味を楽しんでください。とくに、魚の煮つけなどに使うと、生臭さもやわらぎ、味の深みも増し、隠し味にもなります。

PART 3

家庭で手軽に楽しめるよもぎレシピ56

＜レシピの凡例＞

◆材料の分量は、特に記載のない場合、3～4人分を基準としています。菓子は作りやすい分量にしています。

◆米1合は、炊飯器に付属のカップで1カップ（＝180ml）の分量です。この本で使っている大さじ1は15ml、小さじ1は5ml、1カップは200mlです。

◆水溶きかたくり粉は、かたくり粉1に対して水2を加えて混ぜたものを使います。

◆だしは、昆布とかつお削り節で引いた和風だしのことです。

◆よもぎについて

＊材料の「よもぎ」は、あく抜き前の生のよもぎの葉のことです。葉の粉末は「よもぎ粉末」、葉を乾燥させたものは「よもぎ乾燥葉」とし、それぞれの状態での分量を記しています。また、「よもぎ（若葉）」とある料理は、春のよもぎでの調理をおすすめします。

＊作り方に「あく抜きして」とある場合は、10ページの方法であく抜きしてから調理します。

＊「よもぎ」とある料理でも、乾燥葉・粉末をご使用いただいてかまいません。参考までに、下記に分量（目安）を示します。注）収穫時期や加工方法などにより若干異なります。

・よもぎ（生葉）　100g→あく抜き後（水気をよく絞った状態）　約70g
よもぎ乾燥葉　約12g
よもぎ粉末　約10g

よもぎごはん

よもぎの香りと色どりが楽しめる、シンプルで、食べて元気に、きれいになるごはんです。

よもぎ大根飯

冬に向かい、大根の甘みが強く、おいしくなる季節にとくにおすすめです。

よもぎ炊き込みごはん

旬の素材といっしょに、よもぎの香りをじょうずに炊きあげましょう。
食物繊維が豊富なので、
便秘気味の方におすすめの一品です。

よもぎごはん

■材料

よもぎ……20枚
米……3合
だし昆布……5cm角1枚
しょうゆ……少々
塩……少々

■作り方

①よもぎは洗ってこまかく刻む。
②米をとぎ、だし昆布、しょうゆ、適量の水を加え、塩で薄めに味付けをして炊く。
③炊きあがったらよもぎを散らし、さっと混ぜる。

◎バリエーション

ご飯（一膳分）に下ゆでしたよもぎの葉（5枚くらい）をひとつまみの塩でもんでサッと混ぜれば、簡単よもぎごはんのできあがり。黒ごまをふりかければいっそうおいしくいただけます。

よもぎ大根飯

■材料

米……3合
よもぎ……70g
大根……100g
ちりめんじゃこ
……大さじ1
だし昆布……5cm角1枚
しょうゆ……小さじ1

■作り方

①米をといでおく。
②よもぎはこまかく刻む。大根はせん切りにする。
③炊飯器に、米、よもぎ、大根、ちりめんじゃこ、だし昆布、しょうゆを加えて炊く。

◎ポイント

大根が入る分、水を少し多めにしたほうがよいでしょう。

よもぎ炊き込みごはん

■材料

米……3合
よもぎ（若葉）……30g
鶏肉……100g
油……適量
こんにゃく……1/2枚
生しいたけ……2枚
にんじん……1/4本
ごぼう……1/2本
油揚げ……1.5枚
だし汁……700ml
調味料
酒……大さじ2
しょうゆ……大さじ1
砂糖……小さじ1
みりん……適量
塩……少々

■作り方

①米をといでおく。
②よもぎは2cmくらいに小さく切る。
③熱した鍋に油をひき、鶏肉を入れて焼く。鶏肉に焼き色がついたら取り出し、食べやすい大きさに切る。
④こんにゃく、生しいたけは薄切り、にんじんはせん切りにする。ごぼうはささがきに切って水に放ち、あく抜きをする。油揚げは熱湯に通して油抜きをし、横半分に切って短冊切りにする。
⑤鍋に③④とだし汁を入れ、7～8分煮たのち、調味料をそれぞれ加え、あくをとりながらさらに8～10分煮る。
⑥炊飯器に①と②、⑤を煮汁ごと入れ、足りない分は水を加えて炊く。

よもぎぞうすい

残りもののごはんを
簡単、ヘルシーなふっくらぞうすいに。

よもぎの玄米ぞうすい

玄米はたんぱく質やミネラル、ビタミンなどが
豊富です。ぞうすいにすれば、消化されにくい玄米も
やわらかくなり、胃腸の弱い人にも安心です。

よもぎがゆ

風邪をひいたときや、
お腹をこわしたときの回復がゆとして、
ぜひお試しください。

よもぎと貝柱の中華風かゆ

貝柱のうまみと、よもぎの香りをアクセントに。
心も体もあたたまる、とろとろのおかゆです。

よもぎぞうすい

■材料（1人分）

大根……20g
にんじん……20g
水……400ml
きのこ（なめこなど）……適宜
ごはん……160g
よもぎ（若葉）……5枚
みそ……小さじ1
しょうゆ……大さじ1

■作り方

①大根、にんじんは拍子切りにする。
②土鍋に①と水を入れ、中火にかける。
③大根とにんじんが煮えたら、きのこ、ごはんを入れる。
④刻んだよもぎ（生）を入れ、みそ、しょうゆで味をととのえたら火を止める。

よもぎの玄米ぞうすい

■材料

玄米……1.5合（200g）
水……600ml
よもぎ（若葉）……10枚
豚薄切り肉……100g
みそ……小さじ1
塩・しょうゆ……各少々

■作り方

①玄米はといで、水に1時間以上つけておく。
②よもぎはあく抜きをしてこまかく切る。
③豚肉はゆでて、一口大に切る。ゆで汁はとっておく。
④土鍋に玄米を入れ、③のゆで汁と水を合わせて1lになるように加え、弱火で炊く。
⑤玄米がやわらかくなったら、よもぎと豚肉を入れる。
⑥みそを溶き入れ、塩、しょうゆで味をととのえる。

よもぎがゆ

■材料

よもぎ……10枚

米……1合

水……5カップ

■作り方

①よもぎはあく抜きしてこまかく切っておく。

②米はといで鍋に入れ、水に1時間ほどひたしてから、強火にかける。

③沸騰したら弱火にし、ふきこぼれないように注意して炊く。途中で一度、鍋底からかき混ぜる。

④炊けたらよもぎを混ぜこむ。

よもぎと貝柱の中華風かゆ

■材料

鶏むね肉……100g

白ねぎ……1本

よもぎ……50g

チキンブイヨンスープ……800ml

調味料

- 酒……30ml
- みりん……30ml
- 塩……少々
- 薄口しょうゆ……30ml

ごはん……3合弱（500g）

ほたて貝柱（水煮缶）……5〜6個

■作り方

①鶏肉はそぎ切りにする。白ねぎは白髪ねぎにする。よもぎは長さ1.5cmほどに刻む。

②土鍋にチキンブイヨンスープ、調味料を入れ火にかける。

③煮立ったら鶏肉を入れ、ひと煮立ちしたら鶏肉を取り出し、ごはんを加える。

④ごはんがやわらかくなったら、ほぐした貝柱を加え、鶏肉を入れる。

⑤鶏肉が煮えたらよもぎを入れ、ひと煮立ちしたら火を止める。

⑥器に盛りつけ、上に白髪ねぎをそえる。

よもぎそうめん

夏には定番のそうめん。よもぎで不足しがちなミネラルを補い、夏バテ予防にもおすすめです。

よもぎとトマトのきのこスパゲッティ

ビタミン、ミネラルが豊富なきのこ・野菜類、精がつくにんにくによもぎを加えた、栄養バランスのとれたスパゲッティです。

よもぎしめじ チャーハン

残りごはんがあるときにおすすめ。
よもぎが香りと味の
アクセントになります。

よもぎそうめん

■材料

よもぎ（若葉）……100g

そうめん……400g

めんつゆ……260ml

薬味（ねぎ、しょうが、大葉、ミョウガなど）……各適宜

■作り方

①よもぎは洗って食べやすい大きさに切る。

②鍋にたっぷりの湯を沸かし、そうめんをゆでる。

③麺がゆであがる直前によもぎを鍋に入れ、さっとゆでる。麺とよもぎを手早くザルにあげ、十分に水洗いし、そのあとよく水を切る。

④お好みの薬味でいただく。

◎バリエーション

あまった麺は、野菜や肉といっしょに炒めて焼きそうめんにしてもおいしいです。みそ煮込みそうめんも食卓が楽しみになる一品です。

よもぎとトマトのきのこスパゲッティ

■材料

トマトソース

玉ねぎ……60g
にんにく……1/2片
オリーブ油……大さじ2
トマトホール……500g
白ワイン……大さじ2
ローリエ……1枚
塩・こしょう……各少々

しめじ……200g

生しいたけ……100g

マッシュルーム……100g

バジリコ……1枚

よもぎ……150g

油……大さじ4

白ワイン……大さじ2

塩・こしょう……各少々

パスタ……320g

オリーブ油……大さじ2

■作り方

①トマトソースを作る。みじん切

りにした玉ねぎとにんにくをオリーブ油でよく炒め、ほかの材料を入れて20分煮込み、塩、こしょうで味をととのえる。
②しめじは石づきを切って小房に分ける。生しいたけとマッシュルームは石づきを切って薄切りにする。バジリコはみじん切り、よもぎはあく抜きして3cm幅に切る。
③フライパンに油の半量を熱し、②のきのこを火が通るまで炒め、バジリコを加え、白ワイン、塩、こしょうで味をととのえる。
④フライパンに残りの油をひき、よもぎを炒め、塩、こしょうをする。
⑤パスタをゆでる。ゆであがったらザルに上げて水気を切り、オリーブ油を回し入れて全体によくからませ、軽く塩、こしょうをする。
⑥皿にパスタを盛り、トマトソース、よもぎ、きのこの順に盛りつける。

よもぎしめじチャーハン

■材料
しめじ……1パック
よもぎ……4枚
油……大さじ2
ごはん……3合弱（500g）
よもぎソース……大さじ6
塩……小さじ1
こしょう……適量
しょうゆ……大さじ1
白ごま、かつお節……各適宜

■作り方
①しめじは石づきを切ってほぐす。よもぎは洗ってこまかく刻む。
②フライパンに油を熱し、しめじを入れ、軽く火が通ったら、ごはんを入れてほぐしながらよく炒める。
③よもぎソースを加えてよく混ぜ、塩、こしょう、しょうゆで味をととのえる。
④器に盛りつけ、よもぎの葉をちらし、好みで白ごま、かつお節をふる。
※よもぎソースの作り方は、84ページを参照のこと。

よもぎのごまあえ

シンプルであきのこないおそうざいの定番メニュー。
健康づくりに役立つよもぎを毎朝食べるように心がけたいですね。

よもぎの白あえ

肌を美しくする効果のあるよもぎ。
春先のあくの少ない若葉がおすすめです。

よもぎときのこの和風サラダ

みそとしょうゆを使った、こくのあるドレッシングは、よもぎのようにクセのある野菜と相性抜群です。

よもぎのごまあえ

■材料

よもぎ……60g
黒ごま……大さじ1
しょうゆ……大さじ1
黒砂糖……小さじ1
みりん……小さじ1/2

■作り方

①よもぎはあく抜きして、長さ3cmに切りそろえる。
②炒った黒ごまをすり鉢ですり、しょうゆ、黒砂糖、みりんを加えて混ぜ、①とあえる。

◎バリエーション

ごまの代わりに、しょうゆとかつお節をかけておひたしにしてもおいしく食べられます。

よもぎの白あえ

■材料

にんじん……50g
油揚げ……1枚
調味料A
　だし汁……1/2カップ
　三温糖……小さじ1
　薄口しょうゆ……小さじ1
よもぎ（若葉）……150g
木綿豆腐……1/2丁
白ごま……大さじ2
調味料B
　三温糖……大さじ2
　塩……小さじ1/2
　白みそ……15～20g
刻みのり……適宜

■作り方

①にんじんと油抜きした油揚げは長さ2～3cmのせん切りにし、調味料Aで煮て下味をつけたら汁気を切り冷やしておく。
②よもぎはあく抜きして長さ3cmに切り、しょうゆ（分量外）でさっと洗う。
③豆腐は重石をして、十分水気を切っておく。
④すり鉢で白ごまをよくすり、豆

腐、調味料Bを加えて粘りが出るまですり合わせる。

⑤①、②を加え、よく混ぜる。器に盛り、お好みで刻みのりをのせる。

よもぎときのこの和風サラダ

■材料

しめじ……1/2パック
えのきたけ……1/2束
よもぎ（若葉）……40g
ドレッシング
油……小さじ1
酢……小さじ1
みそ……小さじ2/3
砂糖……小さじ1/2
しょうゆ……小さじ1/2

■作り方

①しめじは石づきを切り、小房に分ける。えのきたけは石づきを切り、約3cmの長さに切る。よもぎは食べやすい大きさに切る。

②①を熱湯に入れ、さっとゆでたら冷水にとり、ザルに上げて水気を切る。

③ボウルに油を入れ、酢を少しずつ加えながらよくかき混ぜる。トロッとしてきたらみそ、砂糖、しょうゆを加えてさらに混ぜ合わせる。

④②を器に盛り、ドレッシングをかける。

よもぎとあさりの炒めもの

鉄分が豊富なあさりを使った炒めものです。貧血や虚弱体質の方に最適です。

よもぎスタミナ野菜炒め

豚肉に含まれるビタミンB1や良質のたんぱく質と、野菜のビタミンがバランスよく摂れ、スタミナ不足の人にぴったりの料理です。

よもぎと卵の炒めあんかけ

とろっとしたあんをかけた中華風の卵焼きです。熱々がおいしいので冷めないうちにどうぞ。

よもぎとあさりの炒めもの

■材料

えのきたけ……1束
よもぎ（若葉）……300g
あさり（殻つき）……600g
油……小さじ1/2
しょうゆ……少々
酒……少々

■作り方

①えのきたけは石づきを切り、半分の長さにする。よもぎは洗って水気を切る。

②あさりは砂抜きしたものをよく洗って厚手の鍋に入れ、酒（分量外）を少量ふりかけて加熱する。あさりの口が開いたらすぐに火からおろし、身だけを器にとっておく。

③フライパンに油を熱し、えのきたけを入れて手早く炒め、やわらかくなったらよもぎと②のあさりを加えてさっと火を通し、しょうゆと酒で味をととのえ、火を止め器に盛る。

◎ポイント

あさりは加熱しすぎるとかたくなるので、手早く火を通す。

◎バリエーション

いかやグリーンアスパラガスなどともよく合います。グリーンアスパラガスは、一度下ゆでしてから炒めてください。

よもぎスタミナ野菜炒め

■材料

豚肉……200g
下味　かたくり粉・しょうゆ・酒……各少々
にんじん……1/2本
玉ねぎ……1個
きゅうり……1本
よもぎ（若葉）……60g
油……大さじ1

調味料
- 塩……少々
- 砂糖……小さじ1/2
- しょうゆ……大さじ1/2
- かたくり粉……大さじ1/2

■作り方

①豚肉は食べやすい大きさに切り、下味をつける。にんじんは乱切りにし、軽く下ゆでする。玉ねぎは縦に2等分し1～2cm幅に大きく切る。きゅうりは包丁の柄で軽くたたき、3～4cmに切る。よもぎはあく抜きして長さ3cmに切る。

②フライパンに油を熱し、強火で豚肉を炒め、だいたい火が通ったら皿に取り出す。

③鍋に油を足して、にんじん、玉ねぎ、きゅうりを加えて炒める。野菜に火が通ったら中火にし、よもぎと豚肉を加えて軽く炒め、混ぜ合わせた調味料を入れ、とろみがついたらすばやく火を止める。

よもぎと卵の炒めあんかけ

■材料

よもぎ（若葉）……20g
玉ねぎ・にんじん・たけのこ（水煮）……各60g
干ししいたけ……大1個
油……大さじ5
卵……4個
酒・塩……各少々
しょうが汁……小さじ1

あん
- かたくり粉……小さじ2
- 水またはコンソメスープ……130ml
- 塩……小さじ1/3
- しょうゆ……大さじ1/2
- トマトケチャップ……大さじ2

■作り方

①よもぎはあく抜きして食べやすい大きさに切る。

②玉ねぎ、にんじん、たけのこ、水でもどしたしいたけを、それぞれせん切りにする。

③中華鍋に油（大さじ2）を熱し、②を炒め、器に取り出す。

④ボウルに卵を溶き、酒、しょうが汁、塩を加えてよく混ぜる。

⑤④に①と③を加えてよく混ぜる。

⑥中華鍋に油（大さじ3）を熱し、⑤を入れて円形にまとめて両面を焼き、器にとる。

⑦あんの材料を鍋に入れて加熱し、とろみがついたら⑥の上にかける。

よもぎ茶碗蒸し

きれいなもえぎ色の茶碗蒸しです。
弱火でゆっくりと蒸しあげて、
しっとりなめらかに仕上げましょう。

よもぎ入りジャーマンポテト

ビタミンCが豊富なジャガイモ、抗酸化作用が強い玉ねぎを使った、二日酔いの防止や疲れた身体にやさしい愛情ポテトです。

大根のよもぎ漬け

よもぎで漬け物の味もまろやかなになります。もんでから漬ければ、一晩でおいしくいただけます。葉付きの大根なら、葉もこまかく刻んで入れましょう。

よもぎ茶碗蒸し

■材料

えび（無頭）……中4尾

下味　塩……小さじ1/2
酒……大さじ1/2

鶏ささみ……大1本

下味　塩……小さじ1/2
酒……大さじ1/2

かまぼこ……1/3本
干ししいたけ……2個
よもぎ……30～40g
だし汁……250ml
豆乳……200ml
有精卵……2個
薄口しょうゆ……小さじ1
みりん……小さじ1
塩……少々
小丸もち……4個
木の芽……4枚

■作り方

①えびは背わたをとり、塩と酒で下味をつける。ささみは筋をとり除き、開いてそぎ切りにして塩、酒で下味をつける。
②かまぼこは食べやすい大きさに切る。しいたけは水でもどして2つに切っておく。
③よもぎはあく抜きしてこまかく切ったらすり鉢でする。
④ボウルにだし汁を入れ、よもぎを加えて混ぜる。豆乳、有精卵を合わせ、しょうゆ、みりん、塩で味をととのえる。
⑤碗に小丸もち、①、②の材料を入れて④を静かに注ぎ、蒸気のあがった蒸し器に入れ、弱火で10分ほど蒸す。汁が卵の上にあがってきたらできあがり。仕上げに木の芽をそえる。

よもぎ入りジャーマンポテト

■材料

じゃがいも……400g
玉ねぎ……150g
よもぎ……100g

ベーコン……１００g
揚げ油……適量
塩……小さじ１
こしょう……少々
粉チーズ……大さじ１

■作り方

①じゃがいもは厚さ４～５mmの半月切りに、玉ねぎは薄切りに、よもぎはあく抜きして長さ３cmに、ベーコンは３cm幅に切る。
②じゃがいもは水気をよく切り、中温の油で揚げる。
③熱したフライパンでベーコンを油が出るまで炒める。
④③に玉ねぎを入れてしんなりするまで炒め、よもぎ、じゃがいもを加えてさらに炒める。
⑤じゃがいもに火が通ったら塩、こしょうで味をととのえる。器に盛り、粉チーズをかける。

大根のよもぎ漬け

■材料

大根……１kg
よもぎ……１００g
塩……20g

■作り方

①大根は皮をむいてせん切りにする。よもぎはよく洗い水気を切り、幅１cmに切る。
②漬け物用の容器に大根を入れて塩を振り、よもぎをちらして残りの塩を振る。
③ふたをして重石をのせて１～２日漬ける。

よもぎふりかけのお茶漬け

よもぎの香りと黒ごまの風味がぴったり。あたたかいごはんにそのままかけても、お茶漬けにしてもおいしく食べられます。

よもぎのつくだ煮

おかずがもう一品ほしいときに便利です。しょうゆを多めにすれば2～3カ月保存できます。

よもぎみその豆腐田楽

色どりの楽しい田楽です。
仕上げの木の芽を香りの
アクセントに。

よもぎふりかけのお茶漬け

■材料

よもぎ……20g
黒ごま……大さじ1
塩……少々
昆布または根昆布……10g
にぼし……10g
かつお節……5g
刻みのり……1/2枚
ごはん……適量
お茶……適量

■作り方

①よもぎはよく洗って水気を切り、鍋に入れ、葉がパリパリになるまでよく炒って、こまかくする。
②黒ごまと塩をそれぞれ炒ってすり鉢に入れ、すり合わせる。
③昆布とにぼしはミキサーにかけて粉末状にする。
④①・②・③とかつお節、こまかく刻んだのりを合わせる。
⑤ごはんにふりかけをかけ、お茶を注ぐ。

◎バリエーション

高血圧の人は根昆布を使うとよいでしょう。

よもぎのつくだ煮

■材料

よもぎ（若葉）……30g
にんにく……少々
しょうが……少々
にんじん……1/2本（約5cm）
生しいたけ……2枚
わかめ……少量
梅干し……大1個
油……少々
調味料
　しょうゆ……小さじ1
　みそ……大さじ1～2
　はちみつ……小さじ1
　黒砂糖……大さじ1/2
　果実酒（梅酒など）……大さじ1

■作り方

①よもぎは洗って水気を切り、食

べやすい大きさに切る。にんにく、しょうがはみじん切り、にんじん、生しいたけは薄切り、わかめは小さく切っておく。梅干しは種を取り、果肉を包丁でたたきペースト状にする。

②鍋に油を熱し、にんにく、しょうがを入れて香りが出るまで炒める。

③②ににんじんを加えて炒め、火が通ったらよもぎ、生しいたけ、わかめを加えてさらに炒める。

④材料から出た水分で全体にしんなりしてきたら、しょうゆ、みそ、はちみつ、黒砂糖を入れて弱火でゆっくり煮詰める。煮詰まったら果実酒を加え、仕上げに梅肉を入れる。

よもぎみその豆腐田楽

■材料

木綿豆腐……1丁

A
- よもぎ……20g
- 赤みそ……25g
- 三温糖……18g
- みりん……大さじ1
- 酒……大さじ1.5
- 水……適宜

B
- よもぎ……50g
- 白みそ……25g
- 三温糖……12〜15g
- みりん……大さじ1
- 酒……大さじ1.5
- 水……適宜

よもぎ（ペースト）……50g

油……大さじ3

木の芽・青のり……各適宜

■作り方

①木綿豆腐は半分に切り、重石をして十分に水切りをしておく。

②2種類のみそを作る。AとBはそれぞれ材料を合わせ練っておく。ペースト状にしたよもぎを合わせて練り込み、よもぎみそをつくる。

③フライパンに油を熱し、豆腐を入れ、焼き色が付くまで焼く。

④その上に2種類のみそを塗り、仕上げに木の芽、青のりをかける。

◎バリエーション

白みそにゆずをおろしたものを加えてもよく合います。

よもぎのオムレツ

よもぎも入って栄養のバランスもとれたオムレツです。
プレーンオムレツにすればよもぎの香りがより引きたちます。

よもぎまんじゅうのあんかけ

お子さんや高齢者の方にも食べやすいやさしい味のあんかけです。

よもぎ入り豆腐ハンバーグ

ヘルシーなので、カロリーが気になる方におすすめの一品。薄味に仕上げるので、塩分を控えている方もどうぞ。

よもぎのオムレツ

■材料
玉ねぎ……1個
ベーコン……2枚
生しいたけ……小2枚
油……小さじ4
塩・こしょう……各少々
卵……8個
よもぎ粉末……小さじ4

■作り方

①玉ねぎ、ベーコンはみじん切りにする。生しいたけは石づきを取ってみじん切りにする。
②フライパンに油をひいて①を炒め、塩、こしょうで味付けし、器に取っておく。
③ボウルに卵を割り入れ、よもぎ粉末と塩（分量外）を加えてさっくりと溶きほぐす。
④フライパンに油を足して熱し、③の1/4の量を入れ、片手でフライパンを前後にゆすりながら、箸で卵を渦巻き状にかき混ぜる。半熟になってきたら②の1/4の量をのせ、卵で両端から包むように、形をととのえながら焼きあげる。同様に残りの3人分も作る。

◎ポイント
卵を混ぜすぎるとコシがなくなり、まとめにくく、口当たりが悪くなるので注意。外側は少しかためでも、中は半熟程度に焼きあげましょう。

よもぎまんじゅうのあんかけ

■材料
生地
白身魚……200g
れんこん……1/4～1/5本
卵……1.3個
生クリーム……小さじ4
よもぎ粉末……小さじ4
小麦粉……2カップ
具

たけのこ・にんじん・こんにゃく……各100g
生しいたけ・ごぼう・大豆（水煮）……各50g
油……小さじ1
調味料
　みりん・砂糖・しょうゆ……各少々
あん
　A　砂糖……小さじ1/2
　　しょうゆ・酒……各少々
　　かたくり粉……大さじ1～2
　しょうが……少々

■作り方

①すり鉢で白身魚をすり、すりおろしたれんこん、卵、生クリーム、よもぎ粉末、小麦粉を入れてよく混ぜ、生地を4等分にする。

②中の具を作る。材料をそれぞれみじん切りにし、フライパンに油を熱して炒める。火が通ったら調味料で味付けし、4等分にする。

③生地を薄くのばして具を包み、蒸し器で10～15分蒸す。

④鍋にあんの材料Aを入れ、とろみがついたら火を止め、しょうがを入れる。

⑤それぞれの器に蒸しあがったまんじゅうを盛り、あんをかける。

よもぎ入り豆腐ハンバーグ

■材料

木綿豆腐……1丁
にんじん……30g
ごぼう……20g
生しいたけ……2枚
よもぎ粉末……大さじ2
かたくり粉……大さじ2～3
塩……小さじ1/2
砂糖……小さじ1
卵白……2個分
油……少々

■作り方

①豆腐はふきんで包み、水気を切る。

②にんじん、ごぼう、生しいたけは、それぞれみじん切りにし、さっと炒めておく。

③ボウルに①を入れて木べらでざっとくずし、②とよもぎ粉末、かたくり粉、塩、砂糖を加えよく混ぜる。

④しっかりと泡立てた卵白を③に加え、さっくり切るように混ぜ合わせ、たねを適当な大きさにまとめる。やわらかすぎるときは、かたくり粉で調整する。

⑤フライパンに油をひき、形をととのえながら中火でじっくりと両面を焼き、全体がふっくらしてきたらできあがり。

豚肉のよもぎピカタ

ピカタはイタリアの肉料理。
ボリュームがあり栄養も満点です。
衣によもぎ粉末を混ぜれば食物繊維もきちんと摂れ、
バランスのよい一品になります。

よもぎ天ぷら

天ぷらにするよもぎは、あくの少ない春先の
若葉がおすすめです。
夏場の生長した大きめの葉はあく抜きを
すると食べやすくなります。

大和芋入りよもぎだんご鍋

体がぽかぽか温まる、栄養たっぷりの具だくさん鍋です。

豚肉のよもぎピカタ

■材料

豚厚切り肉(厚さ1cm程度のもの)……4枚

下味

塩……小さじ1/2

こしょう……少々

牛乳……大さじ2

衣

小麦粉……少々

卵……2個

粉チーズ……大さじ2

よもぎ粉末……大さじ2

ハム……1枚

牛乳……少々

油……大さじ3

付け合わせの野菜……適宜

■作り方

①豚肉は脂肪と赤身の間にある筋を切り、全体をたたいて薄く広げ、塩、こしょうで下味をつけ、牛乳をかけて15分ほどなじませる。そのあと豚肉の水分をふき、小麦粉を薄くつけておく。

②卵をほぐし、粉チーズ、よもぎ粉末、みじん切りのハムを混ぜ、少量の牛乳でのばし、豚肉にしっかりつける。

③熱したフライパンに油を入れ、豚肉の両面を色よく焼き、全体に火を通す。

④ピカタを皿に盛りつけ、付け合わせの野菜をそえる。

よもぎ天ぷら

■材料

小麦粉……1/2カップ

だし昆布……5cm角1/2枚

塩……少々

水……200ml強

よもぎ……12枚

ごま油または菜種油……適量

■作り方

①小麦粉にミルミキサーで粉末状

にしただし昆布と塩を少々加えて水で溶き、やわらかめの衣を作る。

②よもぎはさっと水洗いし、1枚ずつペーパータオルなどでしっかり水気をとる。

③よもぎに衣をつけ、低めの温度の油でゆっくり揚げる。なるべくかたまらないように菜箸で葉を広げ、衣がパリッとしたら油から上げ、よく油を切る。

◎バリエーション

衣によもぎ粉末（小麦粉の3％）を混ぜれば、若草色でさわやかな香りのひと味ちがった天ぷらになります。

大和芋入り よもぎだんご鍋

■材料

大和芋……300g
よもぎ粉末……大さじ1/2
卵……1個

塩……少々
白菜……1/4個
白ねぎ……1本
豆腐……1丁
えのきたけ……1/2束
春菊……1/2束
鶏肉……240g
昆布のだし汁……600ml
酒……小さじ2
みりん……小さじ2
薄口しょうゆ……大さじ3

■作り方

①ボウルにすりおろした大和芋、よもぎ粉末、卵、塩を入れて混ぜ合わせ、ひと口大のだんごにする。

②鍋に八等分に切った白菜、斜めに切ったねぎ、角切りにした豆腐、石づきを取ったえのきたけ、食べやすい大きさに切った春菊と鶏肉、①のだんごを入れる。

③だし汁、酒、みりん、しょうゆを合わせておいたものを、鍋に注いで火にかける。

よもぎのみそ汁

栄養たっぷりのよもぎは、毎日の朝食には
かかせないみそ汁の実にもぴったりです。
あく抜きせずそのまま入れてもＯＫ。

よもぎとわかめのスープ

香味野菜のよもぎとわかめのうまみが楽しめる、簡単スープです。

よもぎだんご入りおすいもの

ちょっと青物がたりないというとき、体の調子を整えるミネラル豊富なよもぎが大活躍です。

よもぎのみそ汁

■材料

よもぎ（若葉）……10枚程度
豆腐……1丁
だし汁……700ml
みそ……大さじ3

■作り方

①よもぎは水洗いして食べやすい大きさに切る。豆腐は1cm角のサイコロ状に切る。
②鍋にだし汁を入れて火にかける。
③沸騰したら豆腐を入れ、あたたまったらよもぎを加えひと煮立ちさせる。
④みそを溶き入れフツフツしてきたら火を止める。

よもぎとわかめのスープ

■材料

よもぎ……8枚
乾燥わかめ……4g
自然塩……小さじ1/3
しょうゆ……大さじ1杯
熱湯……720ml（1人分180ml）

■作り方

①よもぎは水洗いして水気を切り、こまかく切る。
②わかめは塩気が少し残る程度に水でもどしてざく切りにする。弱火でやわらかくなるまで火を通す。
③それぞれのお椀によもぎ、わかめ、塩、しょうゆを入れたら熱湯を注ぐ。

よもぎだんご入りおすいもの

■材料

れんこん……4～5cm
よもぎの若葉……8枚
卵……1.3個
小麦粉……240g
塩……小さじ1/2弱
みりん……小さじ1
かつおだし……小さじ1
しょうゆ……適量

■作り方

①すりおろしたれんこん、ペースト状にしたよもぎ、卵、小麦粉をよく混ぜ合わせ、塩、みりんで下味をつけてだんごを作る。

②鍋にだし汁を入れ煮立て、沸騰したら①を入れ、しょうゆ、塩でお好みの味にする。

◎バリエーション

よもぎのおすいもの

■材料

よもぎの若葉……8枚
卵……4個
塩・酢……各少々
かつおだし……700ml
しょうゆ……少々

■作り方

①よもぎはあく抜きしておく。

②器に卵を割り入れておく。塩と酢を加えたお湯の中に卵を静かに落とし、ほどよくゆであがったら引き上げて水気を切る。

③鍋でだし汁を煮立て、風味を出すためにしょうゆをさっと加える。

④それぞれのお椀によもぎと卵を入れたら、あたためた③を静かに注ぐ。

よもぎ茶ごはん

よもぎの風味がほんのり香る、
よもぎ茶で炊いたごはん。
ごま塩を振るだけでも深い味わいが楽しめます。

よもぎカレー

よもぎをカレーライスのかくし味に。
具材をこまかく切って食べやすくした
まろやかでヘルシーなカレーです。

野菜のよもぎ茶煮

身近な食材でできる、疲れ知らずの活力あふれる身体をつくる煮物です。よもぎ茶はかくし味としても最適で、味をまろやかにしてくれます。

よもぎとトマトのスープ

体力を消耗したときに最適のスープです。よもぎのビタミン、カロテンが豊富に含まれ、トマトの酸味が食欲をアップしてくれます。

よもぎ茶ごはん

■**材料**

米……3合

よもぎ茶……3合分

■**作り方**

①米をといで炊飯器に入れ、よもぎ茶で水加減をして炊く。

◎**バリエーション**

よもぎ茶の濃さによって、いろいろな味わいになります。

よもぎカレー

■**材料**

よもぎ茶……適量 ｝あわせて3合分

水……適量

米……3合

にんじん……小1本

玉ねぎ……大1個

にんにく……1/2個

牛肉（カレー用）……200g

ごま油……大さじ4

カレー粉……大さじ3

よもぎ茶……200ml

ビーフコンソメ……小さじ2

カレールー（市販のもの）……1片

■**作り方**

①水とお好みの濃さのよもぎ茶で水加減し、米を炊く。

②にんじんと玉ねぎは2cm角のさいの目切りに、にんにくはみじん切りに、牛肉は食べやすい大きさに切る。

③鍋にごま油を熱し、にんにくを軽く炒め、にんじん、玉ねぎを加えてよく炒める。

④野菜に火が通ったら、カレー粉を入れて香りが出るまでよく炒める。

⑤鍋によもぎ茶と水適量、牛肉、ビーフコンソメを入れ、途中であくをとりながら約30分煮込む。

⑥仕上げにカレールーを加えてひと煮立ちさせ、火を止める。

野菜のよもぎ茶煮

■材料
玉ねぎ……1個
大根……1/2本
にんじん……1本
にんにく……1片
糸こんにゃく……200g
油揚げ……1枚
だし昆布……10cm角1枚
ちりめんじゃこ……10g
よもぎ茶……600ml
しょうゆ……大さじ4
塩……少々

■作り方
①玉ねぎはくし形切りに、大根とにんじんは乱切りに、にんにくは薄切りにする。
②糸こんにゃくは食べやすい大きさにざく切りにする。油揚げは縦半分に切って2cm幅に、だし昆布は1cm幅に切る。
③鍋に①、②、ちりめんじゃこ、よもぎ茶、しょうゆを入れ、ふたをして強火にかける。煮立ってきたら中火にして、10分ほど煮る。
④野菜に火が通ったら塩で味をととのえ、さらに10分ほど煮る。

よもぎとトマトのスープ

■材料
よもぎ（若葉）……200g
トマト……200g
よもぎ茶……600ml
ちりめんじゃこ……5g
酒……大さじ1
塩・こしょう……各少々

■作り方
①よもぎはあく抜きしてざく切りに、トマトは2cm幅のくし形切りにする。
②鍋によもぎ茶とちりめんじゃこを入れて強火にかけ、煮立ったら弱火にして5分ほど煮出す。
③①を加えてひと煮立ちさせ、酒、塩、こしょうで味をととのえる。

よもぎもち

よもぎがふわっと香る、
昔ながらのおやつです。
あんの代わりにきなこや黒ごまを
トッピングすればいっそうヘルシーに。

よもぎやせうま

やせうまは大分の代表的な郷土料理です。砂糖ときなこをまぶし、おやつとしていただきます。

よもぎせんべい

フライパンで簡単にパリッと仕上がる手作りせんべいです。型を抜いたりして子どもといっしょに楽しく作れます。

よもぎもち

■材料
よもぎ……100g
ぬるま湯……適量
砂糖……大さじ3
白玉粉……大さじ3
上新粉……100g
あんこ……200g

■作り方
①よもぎはあく抜きしてよく水気を切り、こまかく切ってすり鉢またはミキサーでペースト状にする。
②ぬるま湯に砂糖を溶かす。
③ボウルに白玉粉、上新粉を入れ、②を少しずつ加えよく混ぜ合わせ、耳たぶくらいのやわらかさになるまでこねる。
④①を加えてさらにこね、生地を八等分し、その中にあんこを包むように入れ丸めていく。
⑤蒸気のあがった蒸し器にぬれふきんを敷き、④を並べて45分蒸す。

よもぎやせうま

■材料（3人分）
よもぎ……大さじ2
小麦粉（中力粉または薄力粉）
……300g
水……適量
砂糖……大さじ2.5
きなこ……大さじ3

塩……少々

■作り方
①よもぎはあく抜きしてペースト状にする。
②ボウルに小麦粉、①を入れ、水を少しずつ調節しながら加え、耳たぶくらいのやわらかさになるまでこねる。
③②の生地を2、3等分してそれぞれを太めの棒状にし、ゴルフボールほどの大きさにちぎって丸める。
④③の生地を一つずつ楕円形に伸ばして中心をへこませ、ぬれふき

んに包み15～20分ねかせる。
⑤④を麺棒で厚さ2～3㎝にのばし、幅1㎝ほどに切り麺状にする。
⑥⑤を沸騰した湯でゆで、浮き上がってきたらザルに上げて水切りする。
⑦器に麺を盛り、あらかじめ混ぜておいた砂糖、きなこ、塩少々とからめ合わせる。

「やせうま」の語源

平安時代、豊後にいた落ち武者の幼君に、八瀬《やせ》という名の乳母が小麦粉を使いきなこと砂糖をまぶしたおやつを作って食べさせた。すると幼君はとても気に入り「やせ、うま（おやつ）、うま……」とねだったことから、やせうまとの名がついたそうです。

よもぎせんべい

■**材料**

よもぎ……30g
バター……20g
A（薄力粉……100g
　強力粉……50g
　重曹……10g）
塩……小さじ3/4
砂糖……80g
卵……1個
ぬるま湯……80ml

■**作り方**

①よもぎはあく抜きして、ペースト状にする。バターは室温でやわらかくしておく。
②Aを混ぜ合わせてふるいにかけ、塩、砂糖、①、卵を加えてよく混ぜる。
③②にぬるま湯を加え手でよくこね、なめらかになったらラップで包み、1時間ほど休ませる。
④休ませた生地を直径2㎝の棒状に細くのばし、端から1㎝幅に切り、麺棒で厚さ2㎜ほどに薄くのばす。
⑤のばした生地をテフロン加工のフライパンで、中火で両面を1分ずつ焼きあげる。

よもぎ ロールケーキ

和菓子の食材の中でも栄養価の高いよもぎに、小豆やきなこをプラスした和風ロールケーキです。つぶあんの代わりにさつまいもや栗を入れてもおいしくいただけます。

よもぎ ジャムクレープ

よもぎを入れたジャムを使います。ジャムがあまったら、密閉して冷蔵庫に入れておけば長期保存できます。

よもぎ寒天ゼリー

よもぎの緑色が涼しげなつるんとした
食感のよいデザートです。
舌ざわりがよりなめらかになるよう、
よもぎ粉末を使います。

よもぎロールケーキ

■**材料**（1本）

生地

- 薄力粉……35g
- よもぎ粉末……4g
- 卵（M）……2個
- 砂糖（上白糖）……40g
- 洋酒（ブランデーまたはラム）……小さじ1

クリーム

- つぶあん……60g
- 砂糖……12g
- 生クリーム……１２０ml
- きなこ……10g

■**作り方**

①薄力粉とよもぎ粉末は合わせてふるっておく。

②ボウルに卵を割り入れ、砂糖を3、4回に分けて加えながら十分に泡立てる。

③②に①を入れ気泡をつぶさないようにヘラでざっくりと混ぜたら洋酒を加える。

④オーブン用の紙を敷いた天板に生地を流し平らにしたら、あらかじめ１８０℃に熱しておいたオーブンに入れ10分焼く。

⑤焼き上がってスポンジが冷めたら、つぶあん、砂糖を入れ泡立てた生クリームの順に塗り、ふんわりと巻く。仕上げにきなこを振りかける。

よもぎジャムクレープ

■**材料**

ジャム

- よもぎ粉末……小さじ1
- りんご……1/2個
- はちみつ……大さじ2
- レモン汁……適宜

クレープ生地

- 卵……2個
- 砂糖……15g
- 小麦粉……60g
- よもぎ粉末……3g
- 牛乳……１５０ml
- 生クリーム……40ml
- 塩……少々
- バニラエッセンス……適量
- バター……大さじ1/2

■**作り方**

①ジャムを作る。鍋によもぎ粉末、こまかく切ったりんご、はちみつ

を入れ、弱火で煮る。
②リンゴがやわらかくなったところで火を止め、好みでレモンを加える。
③クレープの生地を作る。卵と砂糖をよく混ぜ、小麦粉とよもぎ粉末を加えたら粘りが出るまで混ぜていく。
④牛乳と生クリームを合わせたものを③に数回に分けて混ぜ合わせ、塩とバニラエッセンスを加える。
⑤バターで生地を薄く焼き、生地にジャムを塗り、包む。

よもぎ寒天ゼリー

■材料

棒寒天……1本
よもぎ粉末……5g
砂糖……1カップ
水……600ml

■作り方

①寒天は水につけやわらかくもどし、小さくちぎっておく。
②鍋に全ての材料を入れ、火にかけ、よく混ぜながら寒天を完全に煮溶かす。
③流し缶などに注ぎ入れ、冷蔵庫で冷やし固める。

よもぎ茶

急須に熱湯を注いで日常茶や料理に使える、飲みやすい手づくり茶です。１日３〜４回、食前の空腹時に飲んだほうが効果的です。

よもぎ青汁

食欲増進、毎日飲むことで高血圧に効果があります。エネルギーがみなぎる早朝に摘んだ葉で作った青汁は最高です。

よもぎくず湯

よもぎに含まれる血行促進、抗菌作用の成分は加熱に強いので、くず湯との相性ぴったり。体の芯まであたたまります。

よもぎ茶

〈茶葉の作り方〉

■材料（茶葉約１００g分）

よもぎ……1kg

■作り方

①摘み取ったよもぎは、水で洗って汚れを取る。

②水気をよく切ってザルやゴザに広げ、天日で1〜2時間乾かす。乾いたら陰干しする。

③つかんでパリッとなれば完成。湿気を通さない容器に入れて保存する。

※茎は一緒でもかまいません。季節や天候にもよりますが、完成までは春先なら3〜5日、夏〜秋にかけては5〜7日ほどが目安です。

〈入れ方〉

①よもぎ（乾燥葉）をひとつまみ（約3〜5g）を急須に入れ、熱湯を注ぐ。

②ふたをして1〜1分半ほど蒸らしてできあがり。3〜4回いただける。

◎バリエーション

〈煎じて飲む場合〉

煎じれば、よもぎの効果、味や香りもより強く引き出されます。料理向きではないですが、健康茶としては抜群です。成分の変化を抑えるため、煮立てないように注意します。冷たくしてもいただけます。

①鍋に水（3カップ：600㎖）とよもぎ（乾燥葉）ひとつまみ（約3〜5g）を入れ、火にかける。

②沸騰してきたら弱火にし、3〜5分煎じる。

③葉を取り出してできあがり。

◎ポイント

・よもぎは金属やプラスチックに微妙に反応するので、煎じるさいは鉄製やプラスチック製の容器は避け、必ずほうろう引きか陶製、耐熱ガラス製の容器、土鍋、土ビンを使います。また、葉の有効成分が逃げないように必ずふたをします。

・成分が変化しますので、なるべく毎日その日の分だけを煎じて、その日のうちに飲みきるようにしましょう。服用は1日にティーカップ2杯を目安とします。

・煎液は、湿布やローションなど外

用にも利用できます。くわしくは拙書『図解　よもぎ健康法』（農文協刊）をご覧ください。

よもぎ青汁

■**材料**（盃1杯分）
よもぎ……5枚（10g）※早朝に摘んだものが望ましい

■**作り方**
①よもぎはよく水洗いし、汚れを落とす。
②水気を切らず適当な大きさにちぎり、ジューサーミキサーにかけるか、すり鉢ですってこしてしぼる。

◎**ポイント**
・胃に対して刺激が強いので、1口分は盃1杯分（10ml程度）が目安です。胃の弱い人は薄めて飲んでください。
・果汁や野菜汁、黒砂糖やはちみつなどを混ぜると飲みやすくなります。
・自然塩を少量加えると、血圧を下げる効果が高まります。

よもぎくず湯

■**材料**（2杯分）
よもぎ粉末……2g
くず粉……10g
黒砂糖……大さじ2〜3
水……400ml
しょうがのしぼり汁……小さじ1

■**作り方**
①鍋によもぎ粉末、くず粉、黒砂糖を入れて水を加え、溶けるまでよくかき混ぜる。
②鍋を中火にかけ、粘りが出てきたら弱火にし、しょうがのしぼり汁を加えてよくかき混ぜる。

よもぎ
ジュース3種

食べるタイプのジュースです。水や牛乳をお好みで加えて飲みやすくしてください。

よもぎ酒

強壮、健胃整腸、体質改善などの作用があり、高血圧、神経痛、ぜん息などの症状に効果があるといわれています。

毎日盃1杯を目安に、よもぎ茶などでお好みの濃さに割ったりしてもどうぞ。

よもぎワイン

葉と茎をむだなく使うよもぎワインは、どの時期のよもぎを使ってもＯＫです。また、白ワインを使えば、よもぎの色を楽しめます。

よもぎジュース3種

〈よもぎジュース（アルテリプレゼンティシャンジュース）〉

風邪・冷え症の方におすすめ。

■材料（1人分）

よもぎ……10～20g
にんじん……1/4本
りんご……1/4個
水……適量

■作り方

①よもぎは洗っておく。にんじん、りんごは小さめに切っておく。
②①の材料（半量）と水（少量）を入れてミキサーにかける。
③②に残りの材料とお好みの量の水を注ぎ、ミキサーにかける。

〈よもぎ牛乳ジュース〉

便秘の改善に効果的。子どもにも飲みやすいジュースです。

■材料（1人分）

よもぎ……10～20g
にんじん……1/3本
牛乳……適量
黒砂糖……大さじ1/2
はちみつ……小さじ1/2

■作り方

①よもぎは洗っておく。にんじんは小さめに切っておく。
②①の材料（半量）と牛乳（少量）を入れてミキサーにかける。
③②に残りの材料とお好みの量の牛乳を加え、ミキサーにかける。

〈よもぎヘルシージュース（アルテパーティキュラリティジュース）〉

高血圧の改善におすすめです。

■材料（1人分）

よもぎ……10～20g
にんじん……40g
りんご……1/4個
みかんまたはオレンジ……1/4個
春菊……10g
水……適量

■作り方

①よもぎは洗っておく。にんじん、りんご、みかん、春菊は小さめに切っておく。
②①の材料（半量）と水（少々）を入れ、ミキサーにかける。
③②に残りの材料とお好みの量の水を加え、ミキサーにかける。

よもぎ酒

■材料

よもぎ……500g

氷砂糖……200g

ホワイトリカーまたは焼酎

（35度以上）……1.8l

広口ビン（密閉できるもの）

■作り方

①よもぎは洗って汚れを取り、干して乾かし、ガーゼの袋に入れておく。

②ビンに①と氷砂糖を入れ、ホワイトリカーを注ぎ、ふたをする。

③2カ月ほど冷暗所でねかせたら、よもぎを取り出し、かすなどがある場合はろ過する。

④甘みを足したい場合は、アルテハニーなどを加えて調節する。

◎メモ

・よもぎは春先のものから花の着く前に採ったものまで使えます。

・よもぎの根の部分を使えば、ぜん息やのどの炎症などにすぐれた効果が期待できるよもぎ根酒ができます。

よもぎの根300g（よく洗い2〜3日陰干ししたもの）を氷砂糖、日本酒1.8lで漬け、半年後に根を取り出し、よくこします。

・氷砂糖を入れなければ、外用（清拭用、温冷湿布や浴湯料）に使うこともできます。

よもぎワイン

■材料

よもぎ（葉・茎）……500g

ワイン（白または赤）……1.8l

広口ビン（密閉できるもの）

■作り方

広口ビンによもぎとワインを入れ、冷暗所に置いて保管し、2カ月間ほどねかせる。

よもぎエキス

生活習慣病予防など、さまざまな症状に効果が期待できます。耳かき1杯程度をよもぎ茶などで薄めていただきましょう。

アルテハニー

消化吸収のよいはちみつに、幅広い薬効をもつよもぎのエキスをブレンド。血糖値のバランスをととのえたり、消化吸収が早いので血液の成分となりやすく、栄養分があり体温を発生させてくれるなど、効果はさまざまです。やわらかい味なので、いろいろな料理に合わせやすく、幅広く活用できます。

アルテソルト

つけ塩や漬け物などにぴったりの香り塩です。料理以外にも塩浴、塩薬など幅広く利用できます。

アルテビネガー

ほんのりよもぎが香る、さわやかなお酢料理が楽しめます。よもぎとお酢の相乗効果で、体内を弱アルカリ性に保ってくれます。

アルテオイル

よもぎを加えることで、栄養価がさらにアップ！いつもの料理をよりヘルシーにしてくれます。

よもぎエキス

■材料

よもぎ（生葉）……600g

水……6.5ℓ

ホワイトリカーまたは焼酎（35度以上）……500～700ml

■作り方

①よもぎはよく洗い水切りしたものを鍋に半分の量まで入れ、水を8分目まで加えたら煮詰めていく。1/3の量になったところで火からおろす。

②冷めたらアルコールを、煮詰めたよもぎの1/3の量を加え、2日間おいておく。

③布でこしたら再び水あめ状になるまで煮詰めていく。

※料理のほか、外用（薄めて皮膚に塗布、入浴など）で薬用にも利用できます。

アルテハニー

■材料

はちみつ……300g

よもぎエキス……大さじ2

レモン汁……適量

広口ビン（密閉できるもの）

■作り方

①鍋にはちみつを入れて弱火にかけ、やわらかくなったらよもぎエキスと香り付けのレモン汁を少々加えてよく混ぜ合わせる。

②広口ビンに移して、一日おく。

◎バリエーション

・風邪や寒気を感じたときなどに、アルテハニーを熱湯で溶いたものに梅肉、おろししょうがなどを好みや症状に応じて入れて熱いうちに飲みます。体がとてもあたたまり、症状の改善を助けてくれます。

・健康維持のためには、アルテハニーを1日大さじ1杯飲むことをおすすめします。ホットケーキにかけたり、ヨーグルトや紅茶に入れたりと、いろいろなものに応用できます。

アルテソルト

■材料

よもぎ粉末……10g

自然塩……１００g

■作り方

①よもぎ粉末を容器に入れ、自然塩を加える。

②よもぎ粉末と自然塩をまんべんなく混ぜ合わせる。

アルテビネガー

■材料

よもぎ（葉・茎）……50g

玄米酢……９００ml

広口ビン（密閉できるもの）

■作り方

①広口ビンはよく洗い、完全に乾かしておく。

②よもぎはよく洗い、キッチンペーパーなどで水気を完全にふきとる。

③ビンに②を入れ、酢を注ぎ、密封して冷暗所で保存する。

④2週間くらいから使えるが、3カ月ぐらいしたら、こしてよもぎを取り出す。

※ビンのふたは金属製だとさびることもあるのでコルク製がよい。

アルテオイル

■材料

よもぎ……20g

オリーブ油……１０００ml

広口ビン（密閉できるもの）

■作り方

①よもぎは水洗いしてから干して乾かし、ガーゼの袋に入れておく。

②ビンに①を入れ、オリーブ油を注いでふたをし、冷暗所に置く。

③2カ月ほどねかせたらよもぎを取り出し、かすなどがある場合はろ過する。

よもぎしょうゆ

よもぎの香りがほのかにする味わいの深い、さわやかなしょうゆです。さっぱり味で料理が楽しめます。

よもぎソース

香味野菜のよもぎが主役のソースです。スープのかくし味にしたり、魚料理やパスタによく合います。

よもぎみそ

揚げた豆腐、蒸しなすなどによく合う上品な練りみそ。なめみそとしてごはんにもぴったり。アルテビネガーを加えれば、おいしい酢みそになります。

よもぎドレッシング

香味野菜が効いたさっぱり味の、野菜もたっぷりとれるドレッシングです。

よもぎしょうゆ

■**材料**

よもぎ（葉・茎）……１００g

しょうゆ……９００ml

広口ビン

■**作り方**

①ビンはよく洗い熱湯消毒したあと完全に乾かす。

②よもぎは洗い、キッチンペーパーなどで完全に水気をふきとる。

③ビンによもぎを入れ、しょうゆを注ぐ。

④２週間ぐらいから使用できる。３カ月くらいしたら、こしてよもぎを取り出す。

◎**バリエーション**

にんにくを刻んで加えてよもぎにんにくしょうゆに。健康調味料として活躍します。

よもぎソース

■**材料**

よもぎ（葉・茎）……１００g

ウスターソース……５００ml

広口ビン

■**作り方**

よもぎしょうゆの作り方と同様に行なう。

◎**バリエーション**

よもぎオリジナルソース

■**材料**

よもぎ……２００g

にんにく……４片

松の実……８０g

塩……小さじ２

オリーブ油……１カップ

■**作り方**

①よもぎは洗ったら水気を切り、こまかく切る。にんにくはみじん切りにする。

②にんにく、松の実、塩をフードプロセッサーに入れて攪拌する。

③②によもぎを加えてさらに攪拌し、オリーブ油を加える。機械をときどき止めて混ぜるを繰り返し、攪拌してなめらかにする。

よもぎみそ

■**材料**

よもぎ……１２０ｇ
白みそ……１００ｇ
砂糖……大さじ１
みりん……大さじ１
だし汁……大さじ２

■**作り方**

①よもぎはあく抜きをして、ミキサーやすり鉢でペースト状にする。
②鍋に①と残りの材料を入れ、よく混ぜ合わせておく。
③②を弱火にかけて、とろりとするまで練る。冷めると少しかたくなるので、ゆるめの状態で火を止める。

よもぎドレッシング

■**材料**

玉ねぎ……1/4個
にんにく……１片
ピーマン……小１個
セロリ……1/3本
よもぎエキス……小さじ1/2
べにばな油……3/4カップ
りんご酢……1/4カップ

アルテビネガー……1/4カップ
レモン汁……大さじ２
塩・こしょう……各少々

■**作り方**

①玉ねぎ、にんにく、ピーマン、セロリはそれぞれ粗く切っておく。
②すべての材料をミキサーかフードプロセッサーに入れ、なめらかになるまで攪拌する。
※冷蔵庫で２～３カ月保存できます。

PART 4

プランターや家庭菜園でよもぎを育てましょう

よもぎ栽培のポイント

よもぎは地下茎で繁殖する多年草ですから、一度植えれば、毎年春には新芽が出ます。家庭でも簡単に栽培ができますので、自生しているよもぎを根ごと採取して苗とし、プランターや鉢、庭、畑に植えれば、いつでも好きなときに摘んでよもぎライフが楽しめます。

プランター、鉢植えで育てるとき

苗の採取のしかた

○採取の時期の目安：春＝3月下旬～4月下旬ごろ
（寒冷地は1カ月ずれる）
秋＝8月下旬～9月下旬ごろ

いきいきした株を選び、根をできるだけ切らないように掘り起こします。掘り起こした根は土か水ごけを十分につけて、濡らした新聞紙にくるんでビニール袋に入れ、乾燥させないようにして持ち帰ります。高地や海浜な

どに生えているよもぎは、生育環境が大きく変わると育ちにくい場合があります。なるべくこれから植える場所の環境と近い条件のところから採取して苗とするのがよいでしょう。

栽培のしかた

○植える時期の目安：春＝3〜5月
　秋＝9〜10月

根ごと採取してきた苗を植え付けます。土は、庭土と腐葉土（または培養土）を3対1の割合で混ぜたものを用います。

○植付け方法と植付け後の管理

・プランターの場合

プランターに土を入れ、株と株の間が20cm間隔になるように植え穴をあけ、苗を植えます。植え終わったら根元にじょうろで水をたっぷりかけます。日当たりのよい、風通しのよいところにおいておきます。なお、極端な乾燥には弱いので、夏は直射日光を避け、こまめに水やりをしましょう。

しばらくすると、根（地下茎）が容器いっぱいに伸び、根詰まりしてきます。プランターの大きさにもよりますが、2年に1回を目安に、秋にその年の収穫が終わったら株を取り出し、2〜3株に分けて植え替えを行ないましょう。

なお、プランターは、大きさや材質などにそれほどこだわる必要はありませんが、根が真下に伸びることができるよう、高さ20〜30cmのものを用意しましょう。

・鉢植えの場合

8〜10号の鉢に、水はけをよくするために玉砂利を敷き、土を入れ、1鉢に1苗を植えるようにします。鉢の場合も、成長すると根（地下茎）が伸びて根詰まりしてきます。そうなったら鉢から取り出し株分けし、大きめの鉢かプランターに植え替えるとよいでしょう。

◆プランターの場合

◆鉢の場合

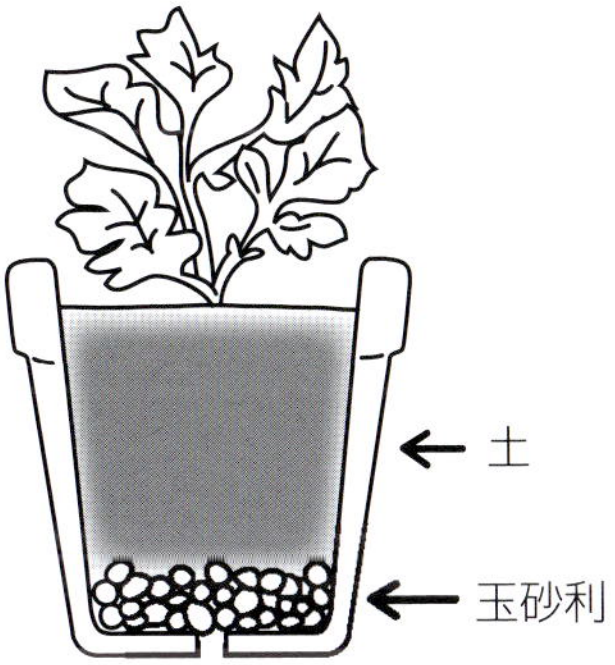

庭や家庭菜園で栽培するとき

どんな場所がいいのか？

よもぎは、寒さに強いですが、極端な乾燥や多湿は苦手です。土質は弱酸性（pH5.0前後）のほうが適しています。

庭や家庭菜園では、日当たりのよい、耕土の深い、水はけのよい場所を選びます。

栽培のしかた

○植付け時期の目安：4月上旬～5月上旬が適期

○植付け方法と植付け後の管理

・庭や家庭菜園の場合

庭や家庭菜園を深さ20～30cmほど耕し、一坪当たり腐葉土（または培養土）3kgを全面に混ぜ合わせます。水はけをよくするために、盛り土を行なって高さ30cmほどのウネを立て、株と株の間が30cm間隔になるように植え穴をあけ、苗を植えます。植え終わったら根元にじょうろで水をたっぷりかけておきます。

よもぎの草丈が15cmほどになるまでは、雑草をこまめに抜き取ります。土の表面が白っぽく乾燥したら、水をやるようにします。

収穫は、5～10月まで、4～6週間間隔で（年間4～7回ほど）楽しめます。草丈20cm程度に生長したよもぎの先端（約5cmほど）をハサミで切って収穫します。

◆庭や家庭菜園の場合

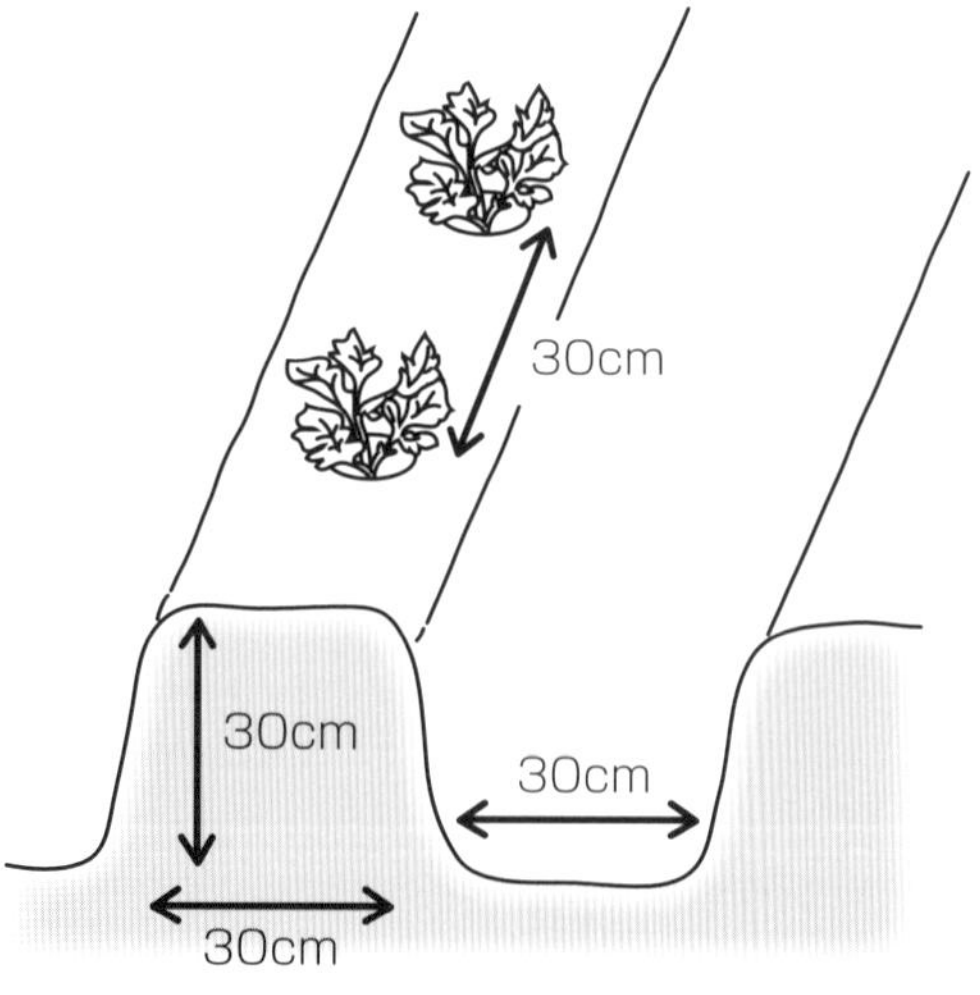

・畑の場合

畑に肥料を１ａあたり1.5kg施し、よく耕します。幅１０0～１２０cm、高さ15cmの植え床を作ります。そこへ苗（または根）を30cm間隔に3列で、株と株の間が30cmになるように植えます。

植付け後は、乾燥防止と雑草抑制のため、植え床にワラなどを敷きます。1回目の収穫後、追肥（チッソ：リンサン：カリ＝８：８：８）を１ａあたり1.5kg施します。

よもぎは病気や害虫に比較的強いですが、6月以降は葉を食べる害虫が多発するときがあります。4週間前後でこまめに収穫し、風通しをよくしておくと被害が少なくなります。また、病気の株が現れたときは、ほかの株に広がらないよう、株をまるごと抜き取り処分します。

◆畑の場合

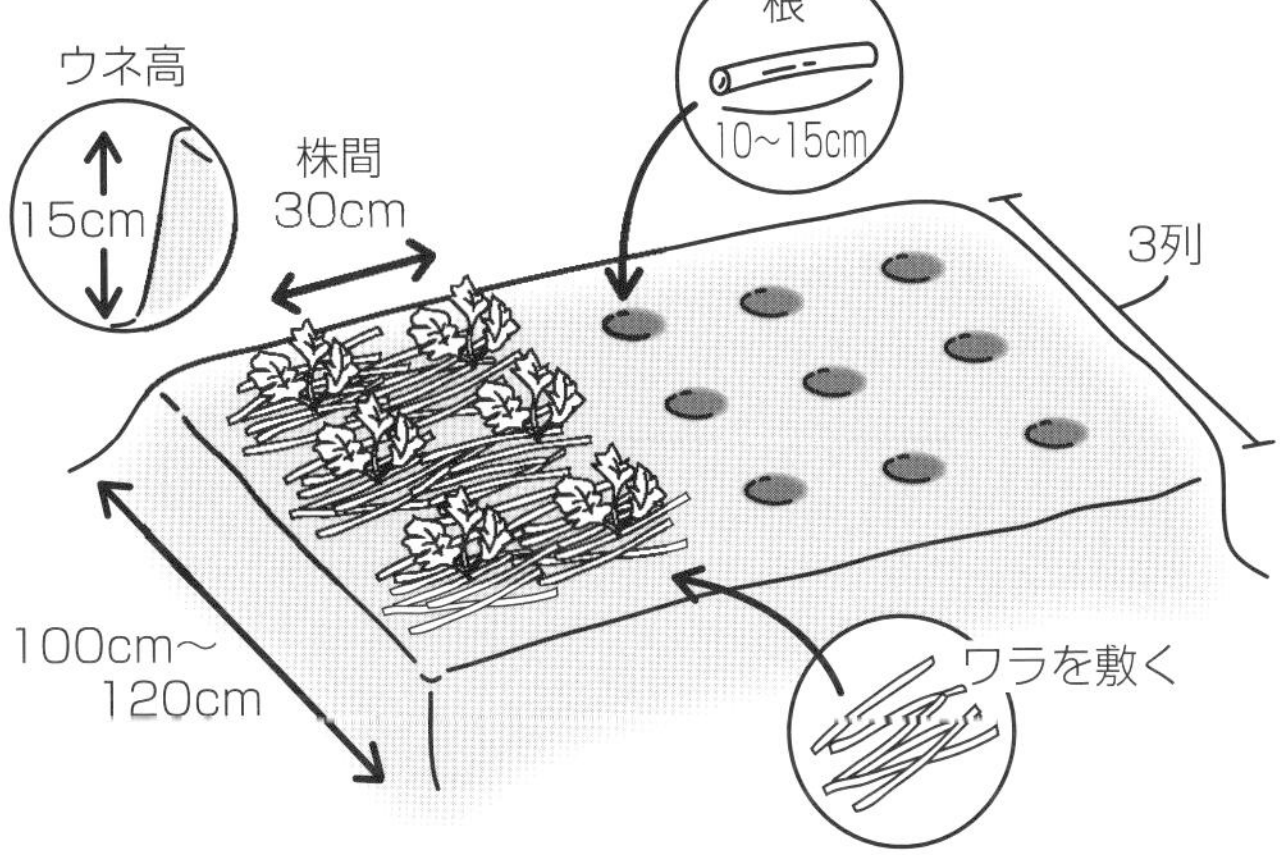

※敷きワラをするときの草丈は5～10cm

たくさん増やしたいときは……

よもぎは生命力に溢れています。一度にたくさん増やしたいときは、根を利用するとよいでしょう。

採取したよもぎの苗の真っ直ぐに伸びた太い根（主根）を10～15cmに切り分けます。その根を横に寝かせて深さ5cmほどに植えます。4月ごろに植えれば6月ごろには芽が出ますが、根を育てるためにまだ葉は摘みません。夏を過ぎたころには背丈150cmほどにもなり、花（花穂）を咲かせます。そうすれば根付いたも同然で、それ以降は収穫が可能です。

◆よもぎ料理が食べられるところ

よもぎ料理を食べられるところは全国にありますが、中でもこだわりあるオススメのお店をいくつか紹介いたします。（※印のお店は宅配での取り寄せも可能）

○東吉野温泉　みのや

〒633-2311　奈良県吉野郡東吉野村木津51-1（国道166号宝蔵寺前）
電話：0746-44-0612　　FAX：0746-44-0633

栽培よもぎを使ったよもぎ膳・よもぎ薬膳料理（前日までに要予約）といったよもぎづくしの特別メニューがある。

○東吉野村農林水産加工組合（深吉野よもぎ加工組合）※

〒633-2422　奈良県吉野郡東吉野村鷲家183（東吉野村農協横）
電話&FAX：0746-42-0153

大自然の恵みをたっぷり受け、澄み切った空気ときれいな水で大切に育てられた栽培よもぎを使い、「深吉野よもぎだんご」、「よもぎもち」、「よもぎこんにゃく」などを販売。ふるさと便での配送も行なっている。

○グランソール奈良

〒633-2221　奈良県宇陀市菟田野区松井8-1
電話：0745-84-9333　　FAX：0745-84-9355

「食」こそ予防医学の基本という考えのもと、保健指導を行なっている医療施設。よもぎ茶を指導に用いるとともに、併設の人間ドック検診施設のレストランではよもぎ料理も提供している。

○お菓子の庵　ケンズイ※

〒802-0014　福岡県北九州市小倉北区砂津3-1-1
チャチャタウン小倉1F
電話：093-531-3120
年中無休、営業時間：10～21時

安心できる食材で素材の個性を活かしたお菓子づくりを目指しており、店舗では評判の高い「よもぎロールケーキ」、「よもぎクッキー」、「よもぎアーモンドチョコ」などのお菓子を販売している。

○近江八幡日牟禮《ひむれ》ヴィレッジ

〒523-8585　滋賀県近江八幡市宮内町
電話：0120-559-160　　年中無休、営業時間９～18時

和菓子の老舗「たねや」グループがプロデュースしており、店舗では自社の永源寺農園で栽培したよもぎを使ったよもぎもち、よもぎ柏もち、よもぎだんごなどが楽しめる。

◆よもぎ料理についてのお問い合わせ先

よもぎ料理についてのご質問は、下記にお問い合わせください。

よもぎ健康法研究会総本部　企画事業部　アルテハウス関東事務所
〒283-0062　千葉県東金市家徳159-5
電話：0475-58-8557　　FAX：0475-58-8567
URL　http://www.yomogikenkoho.com/

なお、上記では、次のような著者が開発したよもぎを使った食品の販売も行なっております。商品の詳細・購入法につきましても、上記までお問い合わせください。

＜著者が開発したよもぎを使った食品＞

品名	概要
よもぎ茶　分包	特選のよもぎ2、3種をブレンドした飲みやすいお茶。急須に入れるだけのティーバッグ式もある
よもぎ茶　粉末	お湯を注ぐだけ。料理に混ぜたりしても使える
よもぎ茶　粒状	そのまま飲め、携帯用にも便利。健康づくりに
特撰よもぎ茶	安心・安全な栽培よもぎを使用。飲みやすく、料理にもぴったり
秘蔵世茂喜《よもぎ》茶	よもぎ、数種の民間薬草を配合。養生茶、清拭、浴用と３回煎じて使える
純正よもぎ濃縮エキス	国内産の特選よもぎ100％の濃縮エキス
純良よもぎウコン粒	国内産のよもぎとウコンを使用。疲れやすい方、酒飲みの方など、健康促進に
よもぎのど飴	よもぎエキスを配合した超健康飴。ノンシュガー無着色・無香料

おわりに

花咲き鳥鳴く、うつりかわる大自然の中で、人知れず根強く、たくましく生息しているよもぎ。よもぎに秘められたさまざまな薬効や健康効果は、人間に大いに貢献するものとして高く評価され、注目されています。

　よもぎを入れた草もちがひな祭りや端午の節供に使われるのは、彩りがいいからという理由からだけではないと思います。本書でも紹介しましたが、栄養価も高く薬効あるさまざまな成分が含まれたよもぎには、無病息災を助ける力があり、薬用的にも非常に利用価値があるということを、先人は経験的に知っていたのでしょう。このことが健康を自給する智恵として、昔から伝承されてきたからにちがいありません。

　今日の健康ブームの中で、巷には健康グッズが溢れ、私たちは惑わされがちです。しかし、それらに頼らなくても、身近な食べ物や植物の中に健康に役立てられるものが数多くあります。

　よもぎは、まさにその代表選手です。身近な里山に自生し、さまざまな薬効を秘めたよもぎを、日々の健康づくりと美容に役立ててほしい、そんな思いで執筆いたしました。本書を参考に、よもぎ料理のレパートリーを広げ、毎日の食事によもぎを取り入れていただき、よもぎの威力を大いに活かして健康ですこやかな毎日を送っていただきたいと願っております。

　最後に、本書の執筆にあたり、貴重な資料をご提供いただきました先生方に心から感謝申し上げます。また、撮影では、小倉隆人さん、神出悦子さん、伊藤響子さん、東吉野温泉・みのやの向井初子さん、深吉野よもぎ加工組合の岡本輝雄さん、松本ミツエさん、桝本博子さん、吉住光代さん、北尾公代さん、大垣内美穂さん、辻本眞佐子さん、たねやの山本哲也さん、お菓子の庵 ケンズイの橘輝良さんにご協力いただきました。厚く御礼申し上げます。農文協編集部にも深い感謝の意を捧げます。

２００７年５月

大城　築

著者略歴

大城　築（おおぎ　きずく）

1933年福岡県に生まれる。北九州大学卒業。

県立高校教師、経営労務コンサルタントを経て、高血圧療法のための物理療法、薬草療法の研究に情熱を注ぎ、薬草とくによもぎの研究開発に没頭し、健康志向食品の開発も行なう。また大分県「一村一品運動」のコンサルタントに参加し、健康食品開発、日本生薬産業研究所開設に尽力。その後、よもぎの薬効と製品開発に専念する。

朝日新聞はじめ、多くの新聞、テレビ、ラジオで「よもぎ博士」としての研究が取り上げられ、反響を呼ぶ。

現在、よもぎ健康法研究会会長、日本ヨモギ開発協会顧問、福岡県薬草研究協議会会長、福岡県職業技術指導講師、中国湖北中医学院教授、中国湖北中医学院日本学院・東洋伝統医療学院学院長など。おもに植物療法、植栽、自然薬開発、地域おこし、講演などの活動をしながら健康指導にあたっている。

主な著書に『よもぎ健康法』（主婦の友社）、『新よもぎ健康法』、『図解よもぎ健康法』（以上、農文協）がある。

食べて健康！ よもぎパワー
ごはんからおかず・汁もの・おやつ・調味料まで

2007年7月30日　第1刷発行
2022年2月15日　第5刷発行

著者　大城　築

発行所　一般社団法人　農山漁村文化協会
郵便番号　107-8668　東京都港区赤坂7丁目6－1
電話　03（3585）1141（営業）　03（3585）1145（編集）
FAX　03（3589）1387　振替00120－3－144478
URL　http://www.ruralnet.or.jp/

ISBN 978-4-540-06197-4　DTP制作／ふきの編集事務所
〈検印廃止〉　印刷・製本所／凸版印刷（株）

定価はカバーに表示
乱丁・落丁本はお取り替えいたします。

農文協・図書案内